Stefanie Weyrauch | Silvia Weber

Inselabenteuer mit Yogamöwe Lilly

Eine spannende Mitmachgeschichte für kleine Yogis

riva

Bibliografische Information der Deutschen Nationalbibliothek
Die Deutsche Nationalbibliothek verzeichnet diese Publikation in der Deutschen Nationalbibliografie.
Detaillierte bibliografische Daten sind im Internet über http://dnb.d-nb.de abrufbar.

Für Fragen und Anregungen
info@rivaverlag.de

Originalausgabe
1. Auflage 2021
© 2021 by riva Verlag, ein Imprint der Münchner Verlagsgruppe GmbH
Türkenstraße 89
80799 München
Tel.: 089 651285-0
Fax: 089 652096

Redaktion: Ulrike Reinen
Umschlaggestaltung: Manuela Amode
Umschlagabbildung: Silvia Weber
Illustrationen: Silvia Weber
Satz: Carsten Klein
Druck: Graspo CZ, Tschechische Republik
Printed in the EU

ISBN Print 978-3-7423-1596-0
ISBN E-Book (PDF) 978-3-7453-1275-1
ISBN E-Book (EPUB, Mobi) 978-3-7453-1276-8

Weitere Informationen zum Verlag finden Sie unter

www.rivaverlag.de

Beachten Sie auch unsere weiteren Verlage unter www.m-vg.de

Für unsere Familien, Freunde und Mentoren
und für alle Kinder dieser Welt

So übst du mit Yogamöwe Lilly

Lass dir die Geschichte von Luna, Ben und der Lachmöwe Lilly vorlesen. Jedes Mal, wenn eine Yogaübung beschrieben wird, könnt ihr diese in Ruhe gemeinsam ausführen. Übe alle Haltungen jeweils auf der rechten und auf der linken Seite. Eine Yogaübung wie den Baum kannst du gern ein bis zwei Minuten lang halten. Zum Schluss lege dich bequem auf deine Yogamatte oder ein Handtuch, so wie Luna und Ben. Schließe die Augen und höre entspannt zu, während dir die Fantasiereise vorgelesen wird.
Du kannst jede Haltung zwischendurch auch einzeln im Alltag üben. Wenn du dich zurückziehen und ausruhen willst, dann mach dich klein wie eine Muschel. Um deine Konzentration zu verbessern, stelle dich auf ein Bein wie ein Baum oder ein Vogel. Der Surfer kann dir dabei helfen, Stärke und Kraft zu entwickeln.

Wir wünschen dir ganz viel Spaß beim Entdecken von Yoga.

Namasté
Stefanie und Silvia

Das brauchst du:
- Eine Yogamatte oder ein großes Handtuch
- Bequeme Kleidung
- Ruhe

Luna und Ben fahren in den Sommerferien mit ihren Eltern auf eine Insel. Die Geschwister freuen sich riesig auf die gemeinsame Familienzeit. Endlich Ferien, Strand und Meer! Mit der Überfahrt vom Festland auf die Insel beginnt für die beiden bereits der Urlaub. Entspannt sitzen sie an Deck der Fähre und schlecken an ihrem Eis.

Erwartungsvoll blicken sie aufs Meer. In der Ferne sehen sie schon den Leuchtturm der Insel näher kommen.

Da ruft Luna: »Schau mal, Ben, die Lachmöwe da vorn! Die kann ja tolle Kunststücke in der Luft machen!«

»Wow! So was habe ich noch nie gesehen«, staunt Ben. »Wie schafft sie das bloß?«

Die Lachmöwe merkt, dass sie beobachtet wird, und fliegt auf die Fähre zu. Die Geschwister schauen ihr fasziniert entgegen.

Plötzlich fängt die Möwe an zu sprechen: »Hallo, ihr zwei! Seid ihr auf dem Weg in die Ferien?«

Erstaunt sehen sich die Geschwister an. »Wie bitte? Habe ich richtig gehört? Du kannst sprechen?«, fragt Luna.

»Ich kann noch viel mehr. Ich mache gerne Yogaübungen in der Luft.« Lachend streckt die Möwe ein Bein in die Höhe und gleitet wie eine Tänzerin durch die Luft. »Das habe ich von einem indischen Vogel gelernt. Daher werde ich von den anderen Möwen auch Yogamöwe genannt. Aber eigentlich heiße ich Lilly. Und ihr, wie heißt ihr?«

Ben ist immer noch ganz verwundert. Fasziniert starrt er die Möwe an. Vor lauter Staunen bekommt er kein Wort heraus. Daher antwortet seine große Schwester: »Ich bin Luna und das ist mein kleiner Bruder Ben.«

»Moin, ihr zwei. So grüßen wir uns im Norden.«

»Moin«, antworten die Geschwister.

»Habt ihr Lust, ein bisschen Yoga mit mir zu machen?«, fragt Lilly.

»Ja, gerne«, antworten die beiden.

»Dann los! Stellt euch auf ein Bein und streckt das andere nach hinten aus. Schwebt nun wie ein Vogel durch die Luft. Ganz genau! Breitet die Arme aus wie Flügel. Stellt euch vor, ihr fliegt.«

Noch während Luna und Ben Lillys Anweisungen folgen, ertönt ein lautes Tuten – die Fähre hat ihr Ziel erreicht und legt im Hafen der Insel an.

Luna und Ben sind froh, nach der langen Reise endlich angekommen zu sein.
»Wollt ihr mit mir die Insel erkunden?«, fragt Lilly.
Luna und Ben nicken begeistert.
»Dann kommt mal mit!« Lilly winkt ihnen einladend zu und sie folgen ihr zur
Promenade. Lilly setzt sich auf einen Baum. »Von hier aus können wir gut
den Strand und das Meer sehen – am besten in dieser Position.«
Lilly nimmt die Yogahaltung des Baums ein, die Kinder machen es ihr nach.
Konzentriert schauen sie nach vorn Richtung Meer und halten die Balance.
Sie stehen auf einem Bein, die Hände über dem Kopf aneinandergelegt wie
eine Baumkrone. Dabei fühlen sie sich stabil und mit dem Boden verbunden.
Dann stellen sie sich auf das andere Bein und nehmen wieder die Haltung
des Baums ein.

In der Ferne sehen sie Surfer, die sich in den Wellen tummeln.

»Ich würde auch gerne surfen können«, sagt Ben sehnsüchtig.

»Das kannst du bestimmt«, bestärkt Lilly ihn. »Ich zeige dir mal, wie wir beim Yoga surfen. Stelle die Beine ein Stück weit auseinander, der vordere Fuß zeigt Richtung Wasser. Nun breite deine Arme auf Schulterhöhe waagerecht aus und blicke über den vorderen Arm aufs Meer.«

Luna ist begeistert. »Das macht Spaß! Schau mal, wie ich dabei mit meinen Armen eine Welle machen kann. Und mit einem Sprung wechsle ich die Seite.«

»Lasst uns runter an den Strand gehen«, sagt Ben. »Ich möchte mir die Surfer gerne mal aus der Nähe ansehen.«

»Gute Idee«, meint Luna. »Außerdem gibt es da noch mehr Wassersportler. Die Windsurfer dahinten finde ich klasse. Wollen wir mal schauen, was sie da machen? Das sieht wirklich cool aus!«

Lilly fliegt vor und landet direkt auf dem Strand neben dem Meer. Die beiden Geschwister folgen ihr neugierig. Hand in Hand rennen sie die Düne zum Meer hinunter.

»Klasse, ihr zwei«, ruft Lilly. »Jetzt setzen wir unsere Segel zum Wind-
surfen. Das machen die Kinder hier auf der Insel gerne. Aufgepasst!
Legt eine Hand aufs Bein und streckt den anderen Arm weit nach oben
in die Luft. Ihr könnt dabei auch in den Himmel schauen.«
Nach einer Weile dreht der Wind und die beiden surfen in die andere
Richtung. Mit einem Sprung wechseln sie ganz leicht die Seite.

Weiter vorn sehen sie zwei Robben, die sich auf einer Sandbank ausruhen.
Das sieht gemütlich aus!
Lilly zeigt ihnen in der Luft, wie man beim Yoga die Haltung einer Robbe
einnimmt. Luna und Ben machen es ihr lachend nach. Sie legen sich auf
den Bauch, strecken die Köpfe in die Luft und die Arme nach hinten aus.
Luna schafft es, die Fußknöchel mit den Händen zu umfassen.
Dabei beobachten sie, wie sich das Meer langsam zurückzieht und immer
mehr Sand zu sehen ist.

»Was ist denn jetzt los?«, fragt Ben.

»Langsam kommt die Ebbe«, antwortet Lilly. »Hier an der Nordsee haben wir die Gezeiten. Daher ist mal Ebbe und mal Flut. Bei Flut kommt das Wasser bis zum Strand. Dann könnt ihr super baden oder surfen. Bei Ebbe zieht sich das Meer zurück. Dann kann man eine Wanderung durch das Watt machen.«

Fasziniert betrachten die Geschwister das Watt.

»Was sind das denn für kleine Haufen?«, fragt Luna verwundert.

»Das sind die Hinterlassenschaften der Wattwürmer«, erklärt Lilly und ahmt prompt in der Luft einen Wattwurm nach.

Ben und Luna machen ebenfalls einen Wattwurm auf ihrem Surfbrett. Dabei liegen sie auf dem Bauch und heben abwechselnd den Oberkörper an und legen ihn wieder ab.

Von ihren Surfbrettern aus beobachten sie, wie sich das Meer immer weiter zurückzieht. Auf einmal sind noch mehr Wattwürmer und Muscheln zu sehen. Das verunsichert Ben. Ebbe und Flut sind neu für ihn. Diese Gezeiten des Meeres findet er irgendwie unheimlich. Denn er weiß nicht, wann und wie schnell das Meer wiederkommt.
Er blickt sich ängstlich um. Am liebsten würde er sich zu Hause in seinem Bett verkriechen. Doch das ist nun leider ganz weit weg.
Daher sagt er: »Ich habe ein bisschen Angst, wenn Ebbe ist.«

Lachmöwe Lilly hat einen Tipp für den ängstlichen Ben. »Wenn ich Angst habe, hilft es mir, ein Mantra zu sagen, das mich stärkt.«

»Was ist denn ein Mantra?«, fragt Ben.

»Das ist ein Satz oder ein Wort, das dir Kraft gibt. Das Mantra kann dich im richtigen Moment unterstützen und dir helfen, mit deinen Gefühlen umzugehen. Wenn du Angst hast, kannst du zum Beispiel sagen: Ich bin mutig«, erklärt Lilly. »Wenn du magst, kannst du dabei deine Hände vor deinem Herzen aneinanderlegen. Dann wiederhole diesen Satz ein paar-mal laut oder leise. Ich mache mit. Zusammen macht es noch mehr Spaß!«

Ben nickt und setzt sich auf sein Surfbrett.

»Ich bin mutig! Ich bin mutig! Ich bin mutig!«, rufen sie.

Ben fühlt sich gleich viel besser. Zusammen mit seiner Schwester watet er durchs Watt.

»Wow, im Watt gibt es wirklich viel zu entdecken! So viele Muscheln, Meerestiere und Algen!«, staunt Ben.

Luna ist ganz aufgeregt. Sie hat etwas Besonderes entdeckt: einen Seestern. Sie hebt ihn auf und betrachtet ihn von allen Seiten. »Er ist wunderschön!«, ruft sie.

Lilly nickt bestätigend und sagt dann: »Schaut mal, so machen wir beim Yoga einen Seestern.« Sie stellt sich breitbeinig hin und streckt ihre Flügel nach oben. Begeistert machen Luna und Ben es ihr nach.

Die Geschwister sind nach dem Surfen und der kleinen Wattwanderung
etwas müde. Sie möchten sich ausruhen. Daher machen sie eine Pause
am Strand. Sie setzen sich auf ein Handtuch in den Schatten vor den
Strandkörben.

Es ist immer noch Ebbe und das Meer ist nur noch in der Ferne zu sehen.
Ben betrachtet die Muscheln im Sand und beginnt, sie zu sammeln. Es gibt
so viele große und kleine Muscheln in allen möglichen Formen und Farben.
Lilly zeigt ihnen, wie sie die Yogahaltung einer Muschel einnehmen können.
Dazu machen sie sich ganz klein, wie eine Muschel, die verschlossen ist und
sich nach innen zurückzieht.

»Das gefällt mir. Es ist ruhig und gemütlich«, meint Ben.

»Danke für die kleine Pause«, sagt Luna. »Nun habe ich wieder neue Energie, um die Insel weiter zu erkunden.«

»Sehr gerne«, antwortet Lilly. »Die Muschel gehört zu meinen Lieblingsübungen. In dieser Position kann ich mich gut ausruhen und entspannen.«

»Und ich danke dir dafür, dass du uns so viele Yogaübungen und deine Insel zeigst«, meint Ben. »Das macht richtig Spaß!«

»Ich finde es klasse, dass ihr euch beide bei mir bedankt. Dankbarkeit spielt auch im Yoga eine große Rolle«, erklärt Lilly. »Denn immer, wenn ihr dankbar für etwas seid, spürt ihr positive Energie und bekommt gute Laune. Probiert es doch einfach mal aus – zählt mir zehn Sachen auf, für die ihr dankbar seid. Das kann alles Mögliche sein: eure Familie, das Wetter, die Natur, dass ihr heute ein Eis gegessen habt und vieles mehr. Alles ist erlaubt, was auch immer euch einfällt!«

Luna und Ben fällt es nicht schwer, Lilly noch mehr Sachen aufzuzählen, für die sie dankbar sind, und sie merken, dass sie sich dadurch immer zufriedener fühlen.

Am Strand ist es ganz schön windig geworden. Die drei ziehen weiter in Richtung der windgeschützten Dünen, um sich etwas aufzuwärmen. Das Seegras wird vom Wind von einer Richtung in die andere geblasen. Genauso bewegen sich die drei nun, ganz groß und lang gestreckt, hin und her. Sie stehen auf den Zehenspitzen, strecken die Arme nach oben und wiegen sich sanft im Wind von rechts nach links.

Lilly fliegt eine Runde und entdeckt dabei ein Tier in den Dünen. Sie ruft: »Da ist eine Schildkröte! Das ist wirklich selten hier. Beim Yoga gibt es übrigens auch eine Übung, die Schildkröte heißt. Setzt euch dazu auf den Boden und stellt die Beine auf.«

Während Luna und Ben die Position einnehmen, fliegt Lilly über sie hinweg. Luna und Ben machen den Rücken ganz rund, damit er aussieht wie ein Schildkrötenpanzer. Die Hände strecken sie dabei unter den Beinen durch. Sie bewegen ganz langsam den Kopf hin und her, so langsam und ruhig wie eine Schildkröte.

»Es ist wirklich schön, sich so langsam zu bewegen. Das sollte ich öfter mal machen«, denkt Luna.

Hinter der Düne sehen die Kinder eine Windmühle, deren Rad sich langsam im Wind dreht.

»Das Rad bewegt sich mal langsam und mal schnell, je nachdem, wie stark der Wind gerade bläst. Wenn kein Wind da ist, kann es auch stillstehen«, erklärt Lilly. »Habt ihr Lust, Windmühle zu spielen?«

»Oh ja«, rufen beide im Chor. »Aber wie geht das?«

Lilly macht die Übung vor. »Wir stellen uns breitbeinig hin. Dann setzen wir eine Hand auf dem Boden ab, heben den anderen Arm in Richtung Himmel und schauen ihm nach. Jetzt könnt ihr ganz langsam von einer Seite auf die andere wechseln.«

Ben freut sich. »Das macht Spaß. Schau mal, Luna!«

»Habt ihr Lust, euch zum Abschluss unseres Abenteuers noch etwas am Strand auszuruhen?«, fragt Lilly.

»Sehr gerne«, sagen Luna und Ben.

»Nehmt euch das große Handtuch und legt euch ganz entspannt auf den Rücken«, erklärt Lilly. »Ich erzähle euch jetzt eine Geschichte. Dabei könnt ihr die Augen schließen und eurer Fantasie freien Lauf lassen.«

Fantasiereise: Am Meer

Nimm eine Muschel in die Hand und spüre, was du in der Hand hältst. Wie fühlt sich die Muschel an? Wenn du magst, kannst du die Muschel auf deinen Bauch legen. Dann spürst du, wie sie sich bewegt, wenn du ein- und ausatmest.

Du hörst das Rauschen der Wellen am Meer. Stelle dir vor, dass du wie eine Welle atmest. Beim Einatmen denkst du daran, wie die Welle zurück ins Meer fließt. Beim Ausatmen stellst du dir vor, wie die Welle an den Strand rollt und plätschert. Atme ein, die Welle geht zurück – atme aus, die Welle rollt an den Strand. Atme ein und aus, ein und aus. Stelle dir jetzt vor, du bist mit deiner Familie am Strand. Dort verbringst du gerade die Ferien. Wenn du schon einmal am Strand gewesen bist, denke daran, was du dort gemacht hast. Vielleicht hast du eine Burg im Sand gebaut? Erinnerst du dich daran, wie die Burg aussah? Hatte sie mehrere Türme? War sie mit Muscheln verziert? Oder mit einem Burggraben, in den das Wasser der Welle floss?

Vielleicht hast du auch einen Spaziergang am Strand gemacht und Steine oder Muscheln gesammelt. Denke an deinen schönsten Fund, deinen Lieblingsstein. Warum gefällt er dir so gut?

Stelle dir das Geräusch der Wellen vor, wenn sie am Strand vor- und zurückfließen. Lausche dem Meeresrauschen. Noch ein letztes Mal hörst du das Plätschern der Wellen.

Kehre nun mit deinen Gedanken wieder zurück. Bewege langsam deine Zehen und Finger, dann deine Hände und Füße. Rolle dich auf die rechte Seite und komme in einen bequemen Sitz, zum Beispiel in den Schneidersitz. Lege die Hände vor deiner Brust zusammen und sage zum Abschied: »Namasté.«

Meditation

Setze dich in einen bequemen Schneidersitz und lege die Hände vor deiner Brust zusammen zum Gruß »Namasté«. Dein Rücken ist dabei aufrecht und gerade. *Namasté* ist die Grußgeste unter Yogis und bedeutet so viel wie »Das Licht in mir grüßt das Licht in dir«.

Vogel

Breite deine Arme auf Schulterhöhe wie Flügel aus. Stelle dich fest auf ein Bein und strecke das andere Bein so weit, wie du kannst, nach hinten aus. Halte das Gleichgewicht und schaue dabei konzentriert auf einen Punkt. Wechsle dann die Seite.

Baum

Stehe aufrecht und fest auf dem Boden. Nimm die Arme nach oben und lege die Hände über dir aneinander. Verlagere das Gewicht auf einen Fuß und lege den anderen Fuß an deinen Knöchel oder Oberschenkel. Halte die Balance und schaue konzentriert auf einen Punkt. Wechsle dann die Seite.

Surfer

Mach einen großen Schritt. Ein Bein ist gebeugt und der Fuß zeigt nach vorn. Breite deine Arme gestreckt auf Schulterhöhe aus und blicke nach vorn über den Arm. Wechsle dann mit einem Sprung die Seite.

Windsurfer

Stelle deine Beine ein Stück weit auseinander, ein Fuß zeigt nach vorn. Beide Beine sind gestreckt. Lege eine Hand auf dein vorderes Bein und strecke den anderen Arm weit nach oben aus. Wechsle dann die Seite.

Robbe

Lege dich auf den Boden in die Bauchlage. Hebe nun Kopf, Arme und Beine wie eine Robbe an. Wenn du möchtest, kannst du die Knöchel der Fußgelenke mit den gestreckten Armen umfassen, so wie Luna es vormacht. Danach ruhst du dich eine Weile entspannt in der Bauchlage aus.

Wattwurm

Lege dich in die Bauchlage auf den Boden. Setze deine Hände auf Brusthöhe rechts und links neben deinem Körper ab. Hebe mehrmals den Oberkörper an und lass ihn wieder sinken. Wenn du magst, kannst du so weit hochkommen, dass die Arme gestreckt sind. Danach spürst du der Übung einen Moment in der Bauchlage nach.

Seestern

Stelle dich aufrecht und gerade hin. Die Beine stehen ein Stück weit auseinander und die Füße zeigen nach außen. Strecke beide Arme geöffnet nach oben. Bewege sanft deine Finger und fühle dich wie ein Seestern im Meer.

Muschel

Knie dich auf den Boden und mache dich ganz klein wie eine verschlossene Muschel. Schließe die Augen und lege deine Arme entspannt neben deinem Körper ab. Ziehe dich einen Moment zurück und entspanne dich. Bleibe so lange eine Muschel, wie es dir gerade guttut.

Seegras

Stelle dich aufrecht und gerade hin. Strecke die Arme weit nach oben und komme, wenn du magst, auf die Zehenspitzen. Nun bewege dich mit den Armen sanft von rechts nach links. Wiege dich, wie das Seegras im Wind, hin und her.

Schildkröte

Setze dich auf den Boden und stelle die Beine auf, ein Stück weit auseinander. Strecke die Hände unter den Beinen durch und setze sie neben dir ab. Mache nun einen runden Rücken wie ein Schildkrötenpanzer. Den Kopf kannst du langsam hin und her bewegen.

Windmühle

Stelle dich breitbeinig hin, setze eine Hand auf dem Boden ab und hebe den anderen Arm nach oben. Drehe dich wie ein Windmühlenrad mit deinem Oberkörper von einer Seite auf die andere. Mal ist die rechte Hand am Boden, mal die linke.

Über die Autorin

Stefanie Weyrauch lebt und arbeitet als Autorin, Bloggerin, Coach und Yogalehrerin in Wiesbaden. Als zweifache Mutter ist es ihr wichtig, Kindern einen Weg zu mehr Ruhe und Entspannung im Alltag zu zeigen. Seit über 20 Jahren beschäftigt sie sich mit den Themen Yoga, Achtsamkeit und Meditation. Unter dem Namen »Yogastern« schreibt sie Blogartikel über ihren Yogaweg. Außerdem gibt sie Yogakurse für alle Altersklassen: vom Mama-Baby-Yoga, Familienyoga bis hin zum Teensyoga. Neben Prä- und Postnatalyoga ist Kinderyoga ihr absolutes Herzensthema. Daher bietet sie auch Fortbildungen zum Kinderyogalehrer für andere Yogalehrer, Erzieher und Pädagogen an. Es ist ihr Wunsch und Ziel, noch mehr Kinder und Familien für das Thema Yoga zu begeistern. Weitere Infos gibt es unter www.yogastern.com.

Über die Illustratorin

Die Welt sehen wie Kinder: Gemeinsam mit ihrer Tochter ist Silvia Weber in die Magie der liebevoll gestalteten Kinderbücher eingetaucht. Die intensive Wirkung gezeichneter Szenen beeindruckte sie dabei so sehr, dass sie die Kunst der Illustration als neue Leidenschaft entdeckte. Nach einem intensiven Selbststudium und zahlreichen Kursen bei renommierten Illustratoren entstand das erste exklusive Kinderbuch für ihre Tochter. Schließlich entdeckte sie die Yogamöwe Lilly. Unter dem Namen »silfmade« (www.silfmade.com) finden sich mehr ihrer Lieblingsarbeiten. Inspiriert wird sie dazu auf Reisen, am Meer, in ihrem Garten und besonders von ihrer Tochter.